JORGE ORTEGA MARCOS

POLIQUETOS

ADONÁIS

701
EDICIONES RIALP
Madrid

JORGE ORTEGA
MARCOS

Nació en Madrid en 1993. Es graduado en Ciencias Ambientales por la Universidad Autónoma de Madrid. Trabaja en investigación con polinizadores, tanto en apicultura como con especies silvestres.

Poliquetos, *accésit del Premio Adonáis 2025, representa la consolidación poética de este autor, cuya trayectoria ya había sido reconocida en diversos certámenes literarios y en antologías como* 88 octavas reales *(Ars Poetica, 2022). Se trata de un libro de gran carga lírica, escrito desde un entorno cotidiano en el que lo íntimo se entrelaza con una mirada reprobatoria sobre la realidad colectiva. De él, destacó el jurado su «escritura audaz, que combina un existencialismo irónico con una crítica incisiva, sin retóricas vacías, construida con gran pericia métrica y rítmica y deslumbrantes aciertos verbales».*

Con referencias constantes a una infancia marcada por la conciencia de clase y

POLIQUETOS

Un jurado compuesto por

Aurora Luque, Julio Martínez Mesanza,
Enrique García-Máiquez, Eloy Sánchez Rosillo,
Carmelo Guillén Acosta y *Amalia Bautista*

concedió a este libro
un ACCÉSIT del PREMIO ADONÁIS 2025

JORGE ORTEGA MARCOS

POLIQUETOS

ADONÁIS

701
EDICIONES RIALP
Madrid

© 2026 *by* Jorge Ortega Marcos
© 2026 de la presente edición,
by Ediciones Rialp, S.A. - Manuel Uribe 13-15 - 28033 Madrid
ISBN (edición impresa): 978-84-321-7338-7
ISBN (edición digital): 978-84-321-7339-4
ISBN (edición bajo demanda): 978-84-321-7340-0
ISNI: 0000 0001 0725 313X
Preimpresión: www.produccioneditorial.com
Depósito Legal: M-1152-2026
Printed in Spain - Impreso en España

Estugraf S. L. – Ciempozuelos (Madrid)

A mi abuela.

*Y en cualquier lugar del mundo ellos incomodan
viajantes inoportunos que ocupan nuestros lugares
aún cuando estemos sentados y ellos viajen de pie.*

Lêdo Ivo

ALIMENTACIÓN

REPARTIDORES DE COMIDA

QUÉ triste es la comida fría

La comida llega tarde y fría
la comida llega sin ganas
llega con la imprudencia del calcio y los zapatos mojados
llega con el dolor del pan mordido
y el insulto del obrero

Los zapatos mojados son el hollín de las fábricas
la mancha de aceite y hambre
en el delantal negro de mi abuela
las cáscaras de patata
y los días festivos dando gracias
por comer hígado riñones y sopas de ajo

Mi abuela sabe
que para salir del sur
hay que estudiar con los zapatos mojados
asentir sin ganas y contar hormigas
en la trastienda de los restaurantes
donde se ríe Milton Friedman
con un lápiz en las manos

La trastienda de los restaurantes
es un lugar sin calle
un contenedor donde se electrocutan las libélulas
un cigarro sin ganas
una pared fría como un golpe de martillo
el hígado los riñones y el pan mojado

Un golpe de martillo es la derrota del proletario
la lluvia sobre los huesos fríos
el silencio del petróleo en la cuneta
donde las flores de plástico están hechas con la tumba de
    la secuoya
y la democracia es una hamburguesa a 6,95

Mi abuela igual que Milton Friedman sabe
que el martillo cayó sin ruido
que mi hambre es más grande que la lluvia
que mi hambre es más grande que el insulto
que mi hambre es más grande que el obrero

Qué triste es la comida fría

EL MICROONDAS

EN mi trabajo hay un microondas
manchado como una ideología
tiene una costra dura que evidencia
la derrota del tiempo y del obrero

Se compró colectivamente todos
pusimos en un bote las monedas
y Antonio se encargó de ir a comprar
el que estaba de oferta el más sencillo

Aquí su falsedad de marca blanca
sostiene los botones consumidos
con cinta americana y con olor
a humildad y puré precalentado

Como en las viejas lumbres de hojalata
charlamos al calor de su infrarrojos
—¿Cómo quedó el Madrid? —Estás moreno
—¿Cuánto queda? —Mañana lloverá

Los jefes pasan ante la pobreza
de nuestros tuppers fríos cocinados
de madrugada como quién se esconde
a masticar las horas de arroz blando

Y en sus paredes sucias va cayendo
aquel póster del Ché las asambleas
los fanzines las huelgas generales
aquellas tardes universitarias

OTRA VEZ

OTRA vez dando vueltas a esta sopa
que me conduce siempre al mismo lunes
como el ritmo constante de la lluvia
me alejo cada día de ser niño
y me encierro otra vez en esta casa
con la lluvia y las fotos de mi padre

Y recuerdo los ojos de mi padre
como un silencio recto ante la sopa
sosteniendo los trozos de la casa
repartiendo las migas de los lunes
porque nadie comprende siendo un niño
lo que pesan los lunes y la lluvia

Y el dolor se repite en esa lluvia
en esa cicatriz donde mi padre
se rascaba y decía: "escucha niño
dile a tu madre que hoy no quiero sopa"
y miraba tras el cristal de un lunes
y todo era silencio en esa casa

Hay pocos sitios que he llamado casa
pocas veces que me cayó la lluvia
porque crecía y era otra vez lunes
porque pesaba el nombre de mi padre
porque el obrero vuelve a comer sopa
tan sencilla y amarga como un niño

Recuerdo mi ira siendo aún un niño
rompiendo los cristales de la casa
porque no comprendía que la sopa
estuviese manchada por la lluvia
y sentía la mano de mi padre
tan real y certera como un lunes

Es cruel y se repite como un lunes
la mano recta que golpea a un niño
las lágrimas ocultas de mi padre
las monedas que ahogan a una casa
donde moja otra vez la misma lluvia
como un reflejo que se ve en la sopa:

Y envejece mi padre ante la sopa
solo queda en la casa el mismo lunes
los zapatos de un niño en esa lluvia

EDAR

Ningún hombre puede cruzar
el mismo río dos veces,
porque ni el hombre ni el agua
serán los mismos.

HERÁCLITO

DETRÁS de las ciudades muere el agua
no se pueden lavar los ojos rotos
en un charco de aceite la memoria
su piel de amianto es frágil en los huesos

porque el agua conserva las heridas
vierte su mono azul de vino ácido
tabaco negro restos de comida
la mancha de pobreza no se borra

permanece en los posos del café
en los bancos del parque que chorrean
mantas raídas barbas fermentadas
como el olor del pan enmohecido

porque las madres temen el futuro
con tardes que destilan queroseno
y calman a sus hijos con un beso
en la frente con la saliva dura

en los padres que aprietan las tormentas
hasta hacerlas cebada y llegan tarde
y recorren los muslos de las niñas
con el sudor linfático del miedo

porque al fondo se venden sus estómagos
sobre las básculas y calendarios
colmados de etanol y mantequilla
y se tiran monedas en los pozos

porque el hijo de Juan se llama Juan
porque al fondo del bar un niño estudia
en la penumbra y hace pelotillas
de papel para huir de la tormenta

Hay lugares de donde no se puede
salir donde se pegan los solsticios
al suelo de los bares para ser
otra vez larvas tierra en los bolsillos

esquinas donde todas las moléculas
son culpables del agua y atardece
como traición de clase

HÁBITAT

PROPIEDAD PRIVADA

ME quito los zapatos en la entrada
de casa para no manchar el suelo
con el barro de fuera. Sobrevuelo
el pasillo me quito la mirada

La tarde llega como una pisada
rota en mil pedazos como un deshielo
de horas muertas un hueco paralelo
al día como propiedad privada

La calle entra con su geometría
de asfalto mudo como un bisturí
las ventanas abiertas son un grito

de soledad de barro de lejía
de otra tarde que ocurre pese a mí
Tengo todo el dolor que necesito

PREVENCIÓN DE RIESGOS LABORALES

COMO si fuese un triunfo del obrero
nos han sustituido
las sillas del trabajo
dicen que las antiguas
causaban muchas bajas
laborales según
señala la estadística

Así los sindicatos
luchando amablemente
han acordado un cambio
radical de los puestos
de toda la oficina
han pactado su forma
su respaldo la altura
de nuestra posición

Del fondo del pasillo
llega ese olor a polvo
y proclamas antiguas
los gritos con coderas
y chaquetas de pana

su voz de naftalina
las banderas dobladas
como trapos de esparto

Porque aquí sus discursos
evitan las miradas
los nombres sin respaldo
el surco en las baldosas
la suciedad del tiempo
incrustada en las grietas
por donde la lejía
deshace la memoria

y entre el montón de alambres
disecados recuerdo
los gestos de las sillas
sus cuadrupedos guiños
diciendo «ya mañana
es sábado y no llueve»
y suspiraban lento
y regaban las plantas

Porque en su lentitud
volaba el calendario
con patas orbitales
rozando la caída
el equilibrio justo
la infancia atornillada
su gravedad sin bordes
y el asiento inclinado

También había sillas
tristes como jirones
de un lunes de verano
su forma apolillada
manchada de café
y horas extra su cuerpo
marcado en el poliéster
como un molde sin piel

Firmemente me siento
y ajusto la medida
al peso de la historia
mi silla derrotada
su simetría recta
su callada injusticia
exacta entre el confort
y mi triste victoria

Sobre este mapa roto
las latas caducadas
la médula espinal
de las tardes perdidas
que ven pasar delante
los bolígrafos secos
los cajones vacíos
las fotos de familia

TEORÍA DE LA UTILIDAD ESPERADA

La elección preferida, según la teoría, será aquella
cuya utilidad esperada
sea la más alta; es decir, aquella utilidad que,
estando ponderada por su probabilidad,
sigue siendo mayor que el resto.

TEORÍA DE VON NEUMANN Y MORGENSTERN

SI miro en línea recta tal vez exista un punto
cardinal donde nuestras miradas sin saberlo
se cruzan colisionan
como las aves contra los tendidos eléctricos
y en sus plumas ardiendo te recuerdo dormida

Quizás de mi retina se desprenda un fotón
igual que la arenisca que deshace los muros
de las viejas iglesias
y caiga del espejo del baño hacia el vacío
hacia el hueco que deja tu cepillo de dientes

Puede que las partículas conserven su memoria
y en otro cuerpo añoren ser parte de tu piel
y se vuelvan materia
como este quinto piso desprovisto de muebles
donde crujen los besos que se daban a oscuras

Acaso el cenicero guarda un mapa de avispas
que mueren como almendras amargas la certeza
de la lluvia descrita
en las grietas del mármol la interferencia cuántica
sus leyes del olvido y las llaves prestadas

Probablemente bajo la alfombra permanezca
la arena de la playa que no barrimos nunca
y en su circunferencia
se escuche atardecer como el ruido de un coche
aplastando la luz de todas las farolas

Estadísticamente ha llegado la escarcha
con sus ojos de cinc con su paisaje roto
su hipótesis del grito
igual que las piscinas públicas en diciembre
donde flotan insectos que miran tu reflejo

Definitivamente la utilidad del juego
ha quemado los mapas todas las líneas rectas
sus teoremas contra
un papel arrugado el fregadero sucio
y el timbre de la puerta

LORCA

HOY he enterrado a Lorca
leía un libro suyo
tumbado en la toalla
de una playa repleta
de turistas al sol
era un libro de pasta
gorda y letra amarilla
comprado en un quiosco
del paseo marítimo

Era un libro de aquellos
que se quedan al fondo
entre los crucigramas
y Best Sellers de gente
que ya nadie conoce
como una enciclopedia
heredada a fascículos impares
o un acto democrático
de polvo y naftalina
que sujeta los muebles
y las palabras viejas
como guirnalda zanja
luna o guardia civil

He abierto su poema
como si fuese un trago
de cerveza caliente
con el tacto de un níspero
manchándome las manos
y el salitre en el muslo
que escuece como el velcro
símbolos nacionales
de sangría y posguerra

Sus lunas se mezclaban
con pelotas hinchables
sobrevolando el cielo
entre niños corriendo
y salpicando arena
y música irritante
puesta a todo volumen

He esperado a que todos
se marchasen del ruido
y dejasen su hueco
de cuerpos torrefactos
y bañadores húmedos
y viniesen las olas
a mecer en su sal
las colillas las latas
y los restos de fruta
sandías chorreando
en la Historia de España

Y he cavado en la arena
un pequeño agujero
como quien viste a un niño
o hace pan para el llanto
como la crema fría
sobre la piel quemada

BARIA[1]

ES frágil el relato de la roca
antigua bajo un bloque de cemento
con vistas a la playa su argumento
de plástico y pescado frito choca

con las huellas del bronce donde invoca
la arena su memoria su fragmento
de sílice y heridas como un cuento
de muros rotos música sin boca

Como si fuesen épocas mejores
hay un cartel que anuncia la medida
de los veranos: sol y bañadores

cuerpos quemados rostros sin salida
y debajo la crónica de autores
clásicos: quieta sucia y aburrida

1.En el pueblo almeriense de Villaricos se aprueba la cons-
trucción de unos apartamentos turísticos sobre el yacimiento
fenicio de Baria.

EL LLANTO DE ANDRÓMACA

¡Desgraciado! Tu valor te perderá.
No te apiadas del tierno
infante ni de mí, infortunada,
que pronto seré tu viuda.

ILIADA, VI 407-408

CADA mañana sales en silencio
te pones la corbata llegas tarde del curro
Los sábados te marchas a echar una quiniela
y sales por ahí con Alejandro

Cuando llegas a casa vas directo al sofá
te pones el partido da igual que juegue el Barça
el Madrid o la Unión Deportiva de Atenas
hace tanto que no dormimos juntos

En la mesa el muñeco del crío sigue roto
no arreglaste la silla del salón que cojea
no has colgado las fotos de nuestro viaje a Grecia
y todavía pierde el grifo del aseo

33

El niño lleva mucho llorando por su padre
cada noche pregunta dónde estás
hay un dibujo suyo en la nevera
donde no sales tú

No me cuentes películas si son las horas extra
o si Alejandro está metido en otro lío
me da igual que no salgan nuestros números
como si nos embargan o queman la ciudad

Héctor, haz el favor
quítate los zapatos
y tranquiliza a tu hijo

LOS DESEMPLEADOS

NO sirven para nada
no conocen la metafísica del martillo
su casa es una bayeta sucia en el plato de sopa
un grifo que gotea sobre el alambre
un radiador donde se agolpan los moluscos
temen el cartón mojado
porque el silencio es una mano invisible que oprime
     la sábana hasta la asfixia
folios de espuma en la trastienda de las fábricas
donde los erizos acarician las ingles de las niñas
y arrojan servilletas blancas para que liben los insectos
Viven al sur
entre hileras de cláxones que anuncian la mañana
y jubilados que entierran el otoño bajo martillos
     hidráulicos
Se esconden en las esquinas de los hipódromos
debajo de los ceniceros
en el contraluz que dejan los alcaloides sobre un
     espejo manchado
No les miréis a los ojos
han olvidado la rendición de la almorta
las rodillas de sus padres
el sudor de la lejía
1934 ya no existe

ANATOMÍA

A MODO DE DISCULPA

A modo de disculpa
con dedos empedrados y frases que tropiezan
mi padre me ha mandado por el Whatsapp
la nota de un artículo donde se sostenían
las virtudes del pelo largo en chicos

Estaba redactado de manera inconexa
como letras que nunca llegan a ser papel
su argumento saltaba de Aquiles a Led Zeppelin
pasando por los Godos como trozos rasgados
del tiempo y la tijera conduciendo al anuncio
de una colonia al margen de la historia

No es justo que sugiera que a mi edad
ya tenía trabajo la idea de familia
la letra de una casa y el pelo corto
No es justo recordar aquel sonido
de la ducha cayendo aún a oscuras
sus pasos la colonia en el pasillo
aquel beso en mi frente que dejaba su marca
de tabaco y café

Yo creo que mi padre al disculparse
miraba su rodilla
su cicatriz de veintidós centímetros
la forma en que me hacía parte de su fracaso
la mitad de su vida con pelo corto y uñas
gastadas la maleta de herramientas
de mi abuelo el reloj de su primer salario

Aunque ya no se acuerde sé que en algún cajón
detrás del manifiesto de Karl Marx
puede que dónde guarda
la postal de una novia que tuvo a los catorce
tal vez junto a su carta de despido
o entre la colección de monedas antiguas
hay una foto suya que lleva el pelo largo

TODO ES FÚTBOL

SABES que todo es fútbol
todo se logra a dedo
con personas de piedra
y escaparate a golpe
de fortuna sin frío
sin pasión en el rostro

Porque amanece un rostro
que sueña con el fútbol
para escapar del frío
repasa con el dedo
el cupón busca un golpe
de azar contra la piedra

Y se ablanda la piedra
y se inclina su rostro
y de nuevo otro golpe
otro lunes y el fútbol
señala con su dedo
el camino del frío

Y entra en la casa el frío
el hogar se hace piedra
se cuenta con el dedo
el arroz calla el rostro:
"no vayas hoy al fútbol
no soporto otro golpe"

Porque así golpe a golpe
se queda el arroz frío
con ese mismo fútbol
del colegio la piedra
dura contra mi rostro
sus ojos cada dedo

Porque es el mismo dedo
aún siento ese golpe
del balón en mi rostro
ese domingo frío
esa tarde de piedra
mi infancia el bar el fútbol

Y el fútbol era un dedo
de piedra como el golpe
del frío contra el rostro

PELUCAS

HAY un grito de guerra en tus pelucas
las miro quietas dentro de tu armario
entre ropa revuelta y blocs de notas
donde solo escribiste en la primera
página las observo con su brillo
de alfileres mordidos con la luz
de neones hirviendo en el reflejo
de los charcos igual que las pupilas
de un pequeño huracán donde la noche
anuda las anémonas al filo
de un tocadiscos y en la habitación
tu nombre se pronuncia en otro idioma

A las afueras de los calendarios
tus pelucas florecen como bocas
como frutas silvestres de polígono
rasgando el hormigón como abanicos
abiertos de Drag Queens

Sobre tu cama se abre un manifiesto
que habla de la revolución y el arte
de las máscaras pienso en la frontera

de la nieve un paisaje de piel rota
en los espejos de los baños públicos
y el terciopelo azul deshilachado
en las fosas nasales donde brilla
el plancton abatido del océano

Allí el siglo XX aún golpea
con sus botas de cuero Stone Wall Inn
las líneas de la mano el pulso eléctrico
en el postpunk de la modernidad
los ojos de tu padre verticales
y el sonido de un claxon como huida

FRACTURA

EN voz baja mis huesos van dejando
un mapa de la lluvia y su fractura
de barricadas secas de censura
impuesta por los años de arroz blando

con los columpios que desafinando
el metal nos ocultan su estructura
de leche en los cajones su costura
lenta la cal el fémur goteando

Por eso el tiempo llega con sus guantes
de pan mordido con su abrazo roto
con dientes en las cartas de despido

y en la sonrisa de los ignorantes
te rindes ante el frío de la foto
Qué pretendes quemar con tanto ruido

VECINA

HOY prefiero estar solo y esperar
mientras sube el café y la vecina
destiende su vestido aún mojado
para mirarse a oscuras y sentir
en su piel cada gota que resbala
como una letanía como un sótano
donde mana el aceite y nos contempla
con las paredes sucias y su cara
de perro para verme tras el ruido
de los vasos manchados y las fresas
destiladas mirarme con los ojos
prestados por el sastre de mandíbulas
y desde mi vecina comprenderme
comprenderme en su máscara sencilla
en sus manos cansadas de legumbres
y pan duro en su música de labios
apretados y ver en su desnudo
mi boca de poeta mi silencio
a solas su belleza de acuarela
el tiempo cada página arrancada

SOBRESALTADAMENTE

SOBRESALTADAMENTE escucho un grito
en mitad de la noche, las ventanas
rígidas, son figuras cotidianas
que rompen el insomnio en este rito

anónimo. Detrás del miedo habito
sin mirarme, escondido tras membranas
celulares, cerrando las persianas
diluyendo el abrazo en el granito.

Sé que me está mirando, su retina
brilla como un mamífero asustado
una sombra detrás de la cortina.

Ya es tarde y le pregunto: "por qué lloras"
y oigo mí misma voz del otro lado
que me responde solo: "por-qué lloras"

EFECTO BREIT-WHEELER

*Si se hacen chocar dos fotones
(dos partículas de luz),
de esa colisión emergerán un positrón
y un electrón, es decir, materia.*

BREIT Y WHEELER

ME contemplo en la indefinición
dos átomos son simultáneamente luz y materia
abro la persiana
hay arena en el bolsillo de los niños
luciérnagas en botes de mermelada
un farolillo que enciende un quiosquero aún a oscuras

Según la física cuántica la realidad no existe hasta ser
    observada
cada día veo pasar unas botas sucias sobre el suelo fregado
el silencio de los meteorólogos en las cristalerías
una mirada a las seis de la mañana como un acto de
    desacato

El capitán Ahab era supersticioso porque sabía lo
    que era noche
como el niño que tira una piedra al pozo
alguien se acuesta con hambre por algo que está por
    venir

Por eso cuando un colibrí se posa en mi amígdala
como un arrecife de rotuladores
y me conmuevo al ver unas manos que se rozan
    debajo del pupitre
o los cristales empañados por el caldo caliente
cuando hay una habitación a la que llamo hogar

Sé que todo es mentira

Sé que la mirada de Verlaine marchita la primavera
que el etanol es azul en la espalda de un padre
y la infancia cruel como un círculo de dedos
que cuando me acueste sentiré un abrazo y tus pies fríos
que la realidad es impar
como la geometría de tus labios

EL OJO DEL POETA

El cerebro interpreta las señales (1)
su función es formar un orificio (2)
conforme los glaciares avanzaban (3)
desde el punto de vista microscópico (4)

el concepto de tiempo es más complejo (5)
los equinoccios y solsticios sufren (6)
por tener fantasías visionarias (7)
útiles para sastres y modistas (8)

como las expresiones del instinto (9)
la longitud focal del telescopio (10)
supone con frecuencia una atracción (11)
que pasa entre el relámpago y el trueno (12)

se manifiesta como un sentimiento (13)
una causa final de toda especie (14)
el color y la forma de la lengua (15)
que son considerados cuentos de hadas (16)

Desde el punto de vista geográfico (17)
la humillación erótica el dolor (18)
tienen un corazón de cuatro cámaras (19)
alrededor del eje de la cuerda (20)

Los cuencos aptos para microondas (21)
son luminosos sin necesidad (22)
tienen una dureza que depende (23)
del hermetismo propio de la alquimia (24)

El ejemplo del acto de equilibrio (25)
se muestra en desacuerdo con Platón (26)
por eso se recurre a utilizar (27)
un cadáver activo o retornado (28)

La astronomía estaba equivocada (29)
el miedo se convierte en atributo (30)
tiene el color del fondo del desierto (31)
moviendo los tentáculos orales (32)

Por tanto el resultado paradójico (33)
frecuentemente implica una patada (34)
obteniendo un efecto diferente (35)
una especie de planta trepadora (36)

Versos obtenidos de fragmentos textuales de Wikipedia. Consultada el 02/02/2025.
Elementos de búsqueda:

(1) Ojo humano; (2) Broca; (3) Lago; (4) Anatomia; (5) Tiempo; (6) Calendario; (7) Ensoñacion; (8) Acerico; (9) Amor; (10) Telescopio; (11) Fantasmas; (12) Relampago; (13) Felicidad; (14) Especie; (15) Acumpuntura; (16) Cuentos de Hadas; (17) Paisaje; (18) BDSM; (19) Crocodilia; (20) Yo-yo; (21) Sopa; (22) Estetica de la luz; (23) Mineralogía; (24) Alquimia; (25) Epistemología; (26) Familia; (27) Fármaco; (28) Vampiro; (29) Terraplanismo; (30) Miedo; (31) Camuflaje; (32) Holothuroidea; (33) Mecánica cuántica; (34) Muscle-up; (35) Acuarela; (36) *Thunbergia alata* (nombre cientifico de la planta denominada ojo de poeta)

DESCRIPCIÓN DE UN GIGANTE

Imagínate que hubiera vivido aquí...
habría tenido que arrancar las puertas para pasar,
romper los techos, desfondar las casas.

GABRIEL GARCÍA MÁRQUEZ

SE sabe que los grandes cuerpos se hunden
en el mar es razón de su tristeza
desmesurada para los sillones
los hoteles de playa y los abrazos

Recorren las ciudades sin abrigo
con la mirada rota imaginando
los puestos de comida de Bangkok
el perro vagabundo de Dakar
aquella camarera que le dio
su teléfono en una servilleta

Igual que la ansiedad de la vigilia
su anatomía tiene la esperanza
de un trozo de madera los fragmentos

de océano en su pelo las postales
deshechas en la costa sin respuesta

Porque su insomnio evoca los boleros
escritos en los viejos trasatlánticos
con la lenta ceguera del gigante
por eso nadie puede pronunciar
su nombre porque temen la gran boca
la cálida saliva de los cuentos
su cuerpo inabarcable con los labios
todo aquello que nunca ha sucedido

ÍNDICE

ALIMENTACIÓN

Repartidores de comida... 13
El microondas 15
Otra vez... 17
EDAR... 19

HÁBITAT

Propiedad privada 23
Prevención de riesgos laborales 24
Teoría de la utilidad esperada................................. 27
Lorca 29
Baria 32
El llanto de Andrómaca.. 33
Los desempleados 35

ANATOMÍA

A modo de disculpa.. 39
Todo es fútbol 41
Pelucas 43
Fractura 45
Vecina.. 46
Sobresaltadamente 47

Efecto Breit-Wheeler 48
El ojo del poeta 50
Descripción de un gigante....................................... 53

ADONÁIS
COLECCIÓN DE POESÍA

———

Director: CARMELO GUILLÉN ACOSTA

ÚLTIMOS VOLÚMENES PUBLICADOS:

675.–Carlos Javier Morales: EL CORAZÓN Y EL MAR.

676.–Diego Roel: ANDRÉI RUBLIOV (Premio «Alegría» 2020).

677.–Daniel Cotta: ALUMBRAMIENTO.

678.–Abraham Guerrero Tenorio: TODA LA VIOLENCIA (Premio «Adonáis» 2020).

679.–Marta Jiménez Serrano: LA EDAD LIGERA (Accésit del Premio «Adonáis» 2020).

680.–Rodrigo Olay: VIEJA ESCUELA (Accésit del Premio «Adonáis» 2020).

681.–Ignacio Pérez Cerón: MÁRGENES DE ERROR (Accésit del Premio «Adonáis» 2020).

682.–José Manuel Gutiérrez: PAISAJES DE LA ALEGRÍA.

683.–José María Higuera: PROYECTO DE INTERIORISMO (Premio «Alegría» 2021).

684.–Nuria Ortega Riba: LAS INFANCIAS SONORAS (Premio «Adonáis» 2021).

685.–Andrés María García Cuevas: LAS CIUDADES (Accésit del Premio «Adonáis» 2021).

686.–Félix Moyano: LA DEUDA PROMETIDA (Accésit del Premio «Adonáis» 2021).

687.–Fernando García Moggia: CUÍDATE DEL AGUA MANSA (Premio Alegría 2022).

688.–Luis Escavy: VICTORIA MENOR (Premio «Adonáis» 2022).

689.–Irene Domínguez: PUREZA (Accésit del Premio «Adonáis» 2022).

690.–Lola Tórtola: LOS DIOSES DESTRUIDOS (Accésit del Premio «Adonáis» 2022).

691.–Rubén Martín Díaz: LÍRICA INDUSTRIAL (Premio Alegría 2023).

692.–María Paz Otero: LOS ATORMENTADOS. (Premio «Adonáis» 2023).

693.–Antonio Díaz Mola: EL AIRE DIVIDIDO (Accésit del Premio «Adonáis» 2023).

694.–Elisa Fernández Guzmán: DESPUÉS DEL POP (Accésit del Premio «Adonáis» 2023).

695.–Pedro Flores: NUESTRO NOMBRE ES PIEDRA (Premio «Alegría» 2024).

696.–Juan Herrero Diéguez: CARTOGRAFÍA DE NADIE (Premio «Adonáis» 2024).

697.–María Fernández Abril: CUENTOS TRADICIONALES (Accésit del Premio «Adonáis» 2024).

698.–Marcos Nogales: SALTO DE FE (Accésit del Premio «Adonáis» 2024).

699.–Julio Rodríguez: SEÑALES PARA FUTUROS ARQUEÓLOGOS (Premio «Alegría» 2025).

700.–Carmen María López: ORACIÓN DE LA LLUVIA (Premio «Adonáis» 2025).

701.–Jorge Ortega Marcos: POLIQUETOS (Accésit del Premio «Adonáis» 2025).

———

Las obras que han obtenido el Premio «Adonáis» aparecen numeradas en negrita.

ESTA PRIMERA EDICIÓN DE
«POLIQUETOS»,
DE JORGE ORTEGA MARCOS,
VOLUMEN 701 DE LA COLECCIÓN «ADONÁIS»,
PUBLICADA POR EDICIONES RIALP, S.A.,
MANUEL URIBE 13-15, MADRID,
SE ACABÓ DE IMPRIMIR EN ESTUGRAF S. L.,
CIEMPOZUELOS (MADRID)
EL DÍA 26 DE ENERO DE 2026.

el descubrimiento de ciertas hostilidades, el libro alude a vicisitudes de muy diversa índole, no como episodios aislados, sino como parte constitutiva del territorio emocional del yo poético. Ya desde el mismo título —Poliquetos *alude a un tecnicismo poco conocido fuera del ámbito científico: gusanos segmentados que habitan fondos marinos y sobreviven en condiciones adversas—, se articula un símbolo de resistencia, adaptación y vida subterránea que resume el espíritu de esta obra: una exploración de aquello que persiste y configura una determinada manera de estar y asimilar el mundo.*

Sostenido en una ingenuidad y sencillez deliberadas, el poemario despliega un lenguaje cercano al habla común, atento a lo diario y a los gestos mínimos. Las repeticiones, empleadas con clara intención rítmica, acentúan el pulso de los poemas y refuerzan su tono insistente, haciendo de Poliquetos *un libro capaz de iluminar una realidad áspera desde la tenacidad y la lucidez.*

POESÍA

ISBN 978-84-321-7338-7

9 788432 173387

www.rialp.com